Llyfr sy'n llawn o eiriau defnyddiol iawn yw thesawrws.

THESAWRWS
Lluniau Mawr

Ysgrifennwyd gan
Rosie Hore

Darluniwyd gan
Rachael Saunders

Cynlluniwyd gan
Emily Barden

Mae rhestri o eiriau o'r un ystyr yn y llyfr hwn. Byddan nhw'n dy helpu i ddarganfod a defnyddio geiriau newydd.

Hefyd mae geiriau croes …

… a geiriau sy'n disgrifio pethau'n fanwl. Yn lle cerdded, defnyddia …

mentrus, eofn, dewr

drwg
cas
mileinig

da
hyfryd
annwyl

cripian, sleifio, stelcian

Cynnwys

melyn

lemwn aur

coch

fflamgoch ysgarlad

rhuddgoch tomato

TWÎT

Cyfra sawl gwaith ydyn ni'n beicio drwy'r llyfr!

ymolchi glanhau sgrwbio

WHIII siwrnai, taith, trip

LLWYBR CERDDED

MAES CARAFANNAU

ME

MMM

blasus sawrus

tal uchel enfawr

heicio, cerdded, crwydro

tonni, ymchwyddo, ewynnu

deiliog irlas

gwyntog awelog stormus

tywodlyd, llychlyd, sych

SNWFF

Ymlaen â ni!

Cartref a theulu

Ble wyt ti'n byw?

tŷ
bwthyn
byngalo
fflat
ffermdy
carafán
cwch
plasty

Geiriau i ddisgrifio cartref ...

mawr
crand
moethus

neu...

bach
cysurus
clyd
diddos

Gall tŷ gael ...

to
llofft
llawr gwaelod
lloriau
ffenestri
seler
drws ffrynt
drws cefn
gardd

Ystafell chwarae

HMM

teganau
gemau
gweithgareddau

mwythau
maldod
cwtsh

HI HI

Ystafell wely

hepian
hanner cysgu

deffro
dihuno

CHCH
BRRR BRRR

blêr
anniben
siang-di-fang

Ystafell ymolchi

toiled
tŷ bach
lle chwech

Cegin

mopio, sychu

llithro
baglu

glanhau
tacluso
rhoi i gadw

coginio
paratoi
gwneud

Ystafell fyw

lolfa

nap

taflu
lluchio
cael gwared ar

llenni
cyrtens

miaaw

brwsio, ysgubo

WFF

Mae gen i lythyr, pecyn, parsel *a* phaced i chi heddiw.

Pam mai fi sy'n gorfod taflu'r sbwriel o hyd?

Mynd a dod

Galli di fynd ar ...

siwrnai
taith
mordaith
gwibdaith

neu...

reid
trip

Mae awyrennau'n ...
hedfan, esgyn

WWWWSH   awyren

Dwi wrth fy modd yn gyrru.

Prynwch eich tocynnau!

car

bws

fan

Gall siwrnai fod yn ...

byr *neu* hir
cyflym *neu* araf
garw *neu* esmwyth
dwyffordd *neu* unffordd
prydlon *neu* hwyr
wedi ei threfnu
neu annisgwyl

bagiau
cesys

mynd heibio, pasio

beic modur

cyflymu
mynd yn gynt

beic cludo
moped

Mae gan gar ...

olwynion
teiars
injan
sgrin wynt
gwregysau
boned
lampau blaen
seddau blaen
seddau ôl
olwyn lywio
cist
bympars
breciau

BANG!

CLEC!

damwain
gwrthdrawiad
anffawd

GORSAF BETROL

Talwch yma!

petrol, tanwydd, diesel, gasolîn

CLUDWYR CLYD

Mae tryciau a lorïau'n ...

cario
cludo
dosbarthu

SSSS

wedi torri

Ara' deg!

Gall cychod ...

arnofio, drifftio,
hwylio, siglo

pedalo

sblash

cwch rhwyfo

BRRRRRM

cwch modur

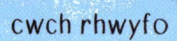

Lliwiau, siapiau a phatrymau

Mesur ac archwilio

Pa mor fawr?

enfawr, cawraidd, anferth

mawr
sylweddol

bach
bychan
mini

pitw
mân
tila

lled

lletach
mwy llydan

culach
teneuach

uchder

talach

byrrach

hyd

hwy, hirach

byrrach

mynd yn fwy
tyfu
ymestyn
chwyddo
cynyddu

PWFF

mynd yn llai
lleihau
byrhau
crebachu
diflannu

Pa mor drwm?

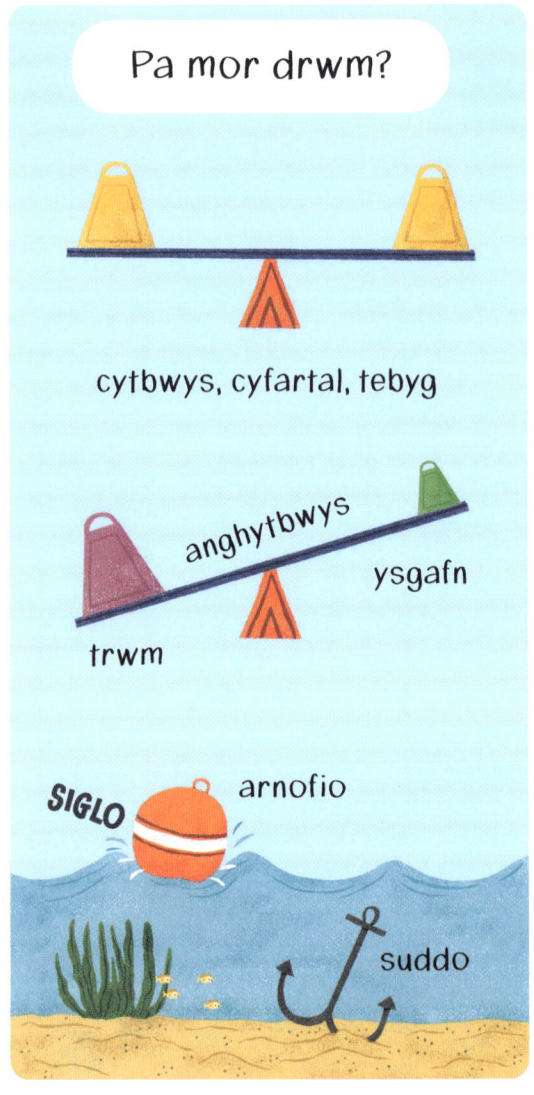

cytbwys, cyfartal, tebyg

anghytbwys

ysgafn

trwm

SIGLO

arnofio

suddo

Pa mor bell?

pellter, hyd a lled, cyrraedd

agos
ar bwys
yn ymyl

pell
anghysbell
pellennig

Pa faint?

rhifo
cyfrif
adio
rhestru

swm
nifer
tipyn

llawer
cryn dipyn
nifer fawr
digonedd

ychydig
prin iawn
dim llawer
un neu ddau

adio

tynnu

dwbl

hanner

rhannu
dosbarthu
haneru

cyfan
cyflawn

rhan
ffracsiwn
cyfran
tamaid
darn

Pa ddeunydd?

plastig

rwber

metel

carreg

gwydr

pren

papur

lliain

clai

Sut mae'n teimlo?

caled *neu* meddal
llyfn *neu* garw
miniog *neu* esmwyth
stiff *neu* elastig
solet *neu* soeglyd

blewog

Cymharu

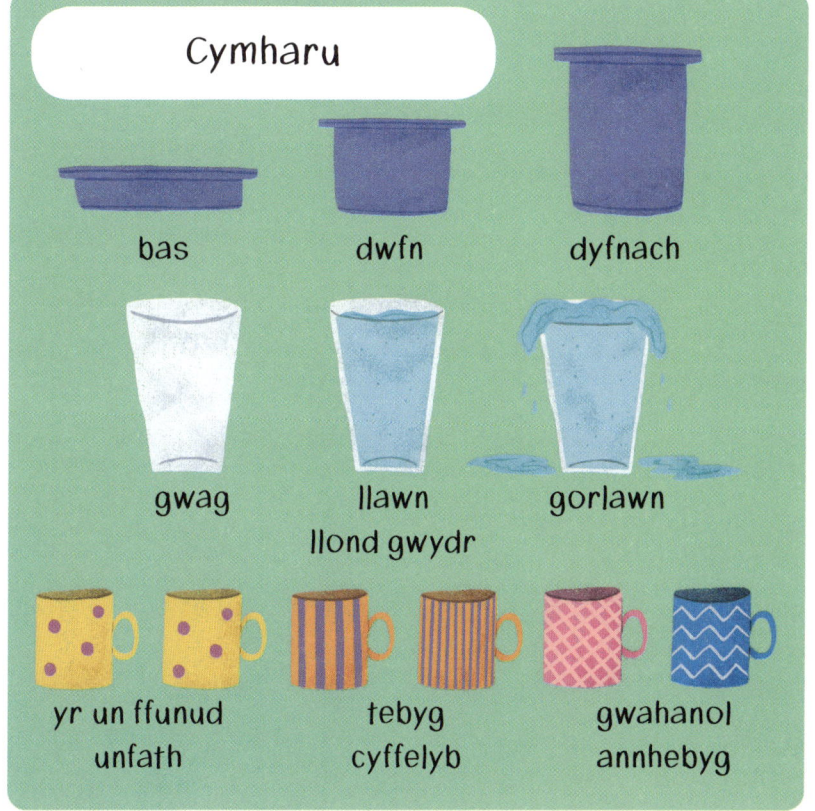

bas

dwfn

dyfnach

gwag

llawn
llond gwydr

gorlawn

yr un ffunud
unfath

tebyg
cyffelyb

gwahanol
annhebyg

11

Dy gorff

Mae wedi ei wneud o ...

esgyrn
sgerbwd
croen
gwallt
cyhyrau
organau
gwaed

Gall deimlo'n ...

iach
da
heini
cryf
holliach

neu yn...

afiach
gwan
blinedig
crynedig

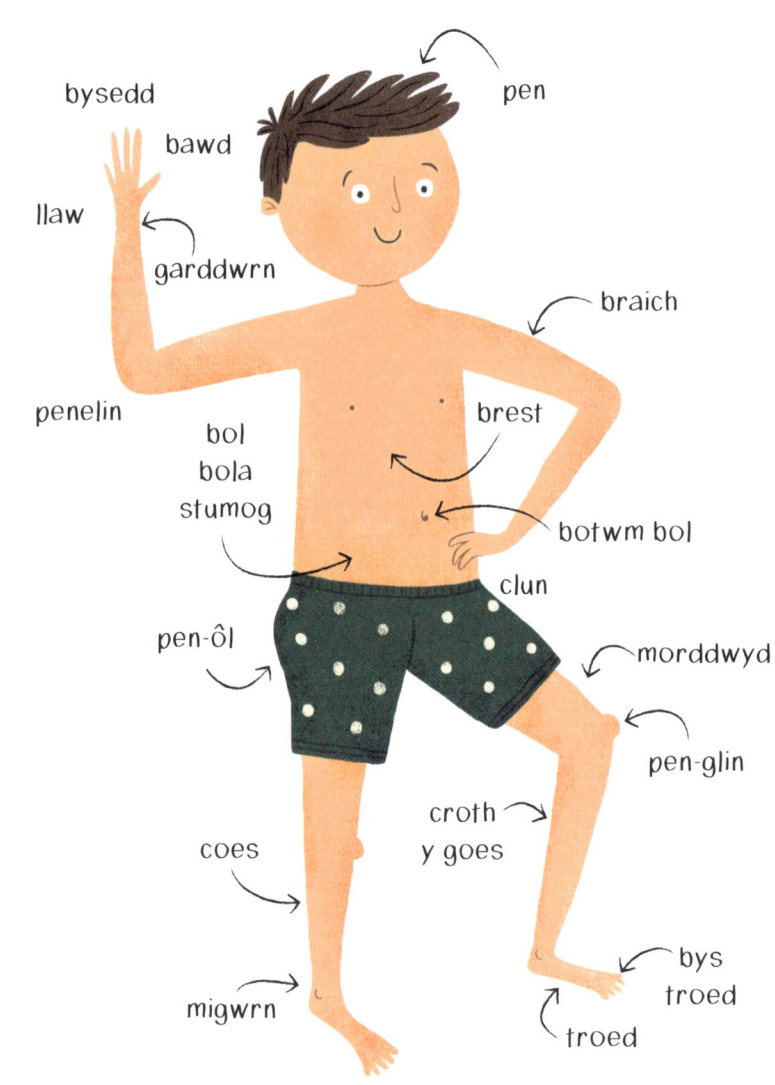

bysedd
bawd
llaw
garddwrn
penelin
bol
bola
stumog
pen-ôl
coes
migwrn
pen
braich
brest
botwm bol
clun
morddwyd
pen-glin
croth y goes
bys
troed
troed

Dy sgerbwd

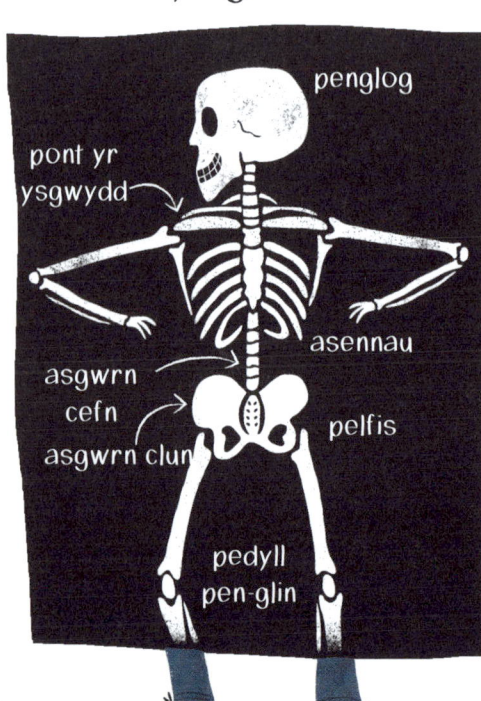

penglog
pont yr ysgwydd
asgwrn cefn
asgwrn clun
asennau
pelfis
pedyll pen-glin

Tu mewn i dy gorff

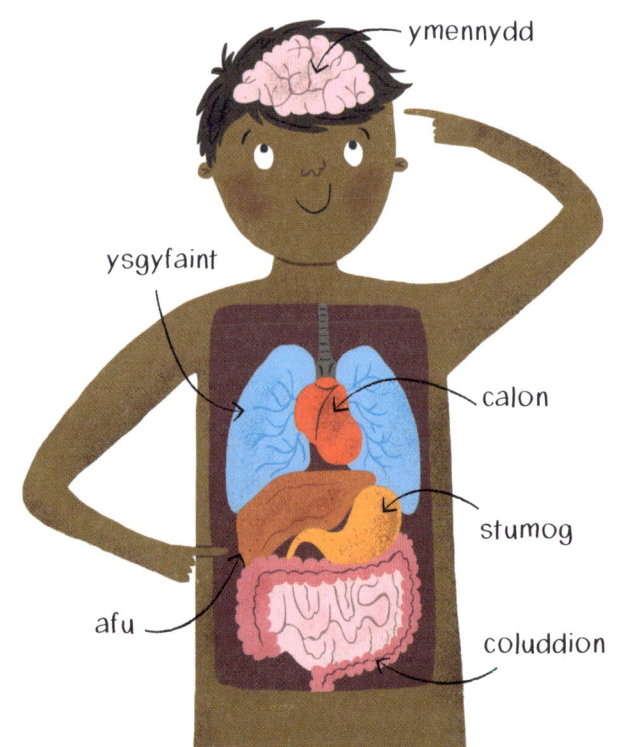

ymennydd
ysgyfaint
calon
stumog
afu
coluddion

Rhannau o'r wyneb

talcen
aeliau
llygaid
amrannau
blew llygaid
clustiau
trwyn
ffroenau
ceg
gwefusau
dannedd
tafod
gên
gwddf
bochau

Dy synhwyrau

gweld

arogli

clywed

blasu

cyffwrdd / teimlo

Disgrifio pobl

Gall pobl edrych yn ...

hardd
prydferth
del
tlws
deniadol
hudolus
ffasiynol
trawiadol
twt
taclus
anniben
carpiog
hynod
unigryw

tal
heglog

byr
bach

tew
boliog
byrdew

tenau
main
esgyrnog

Dwi'n edrych fel llipryn!

babi
baban

TROI TROI

brychni

plentyn

chwyrlio

person ifanc
llanc

oedolyn

Dwi'n cofio perfformio yn y syrcas!

moel

hen
oedrannus

Gall gwallt fod yn ...

hir
byr
cyrliog
modrwyog
syth
tonnog
gwrychog
crychog
sgleiniog

Lliwiau gwallt

melyn
golau

du
tywyll

brown

coch
melyngoch
browngoch

llwyd
arian

Sut wyt ti'n teimlo?

Dwi'n teimlo'n HAPUS!

hapus
mewn hwyliau da
siriol
dedwydd

chwibanu

llon
gobeithiol
calonnog

Pan wyt ti'n hapus,
rwyt ti'n ...

gwenu
crechwenu
gwenu'n llydan/
o glust i glust
chwerthin
piffian
chwibanu

Hŵre!

llawen iawn
gorfoleddus

Dwi'n teimlo'n DRIST.

trist
diflas
isel
prudd
digalon
di-hwyl

Pan wyt ti'n drist,
rwyt ti'n ...

oriog
piwis
ansicr
cecrus
siomedig

gwgu
crio
llefain

ochneidio
pwdu

anhapus iawn

Dwi'n teimlo'n OFNUS.

ofnus
llawn braw
gwangalon

cnoi

gofidus
nerfus
pryderus
crynu

llawn braw
mewn dychryn
ar bigau'r drain

Pan wyt ti'n ofnus,
rwyt ti'n ...

sgrechian
gwichian
neidio
cynhyrfu
crynu

Dwi'n teimlo'n DDIG.

dig
crac
blin
sarrug

AAAAA

cynddeiriog
o 'ngof
gwyllt

Pan wyt ti'n ddig,
rwyt ti'n ...

cuchio
gweiddi
taeru
rhuo
dadlau

Dwyt ti ddim
yn deall!

ar ben ei
thennyn/ei dennyn
rhwystredig

17

Bwyd a diod

Gall bwyd
fod yn ...

amrwd
heb ei goginio

neu wedi ei ...

ffrio
grilio
rhostio
pobi
berwi
stemio
barbeciwio

Gall y cynhwysion
gael eu ...

tafellu
torri'n fân
stwnsio
briwsioni

blasus
hyfryd

ych a fi
cyfoglyd
cas

IYCH

sur
chwerw
siarp
egr

MMMM

melys
siwgraidd
trioglyd

cnoi

hallt
sawrus
sbeislyd

arogleuol
drewllyd
ag arogl cryf

SNIFF

PW

malu

sych
hen

SBLASH

ffres
aeddfed
llawn sudd

Llysiau

ciwcymber
melon
taten
brocoli
lemwn
nionyn
salad
planhigyn wy
tsili
daty
moronen
bresychen

Pysgod

tiwna
eog
cregyn gleision
cimwch
corgimychiaid
penfras
stêc

Cig

selsig
cig eidion
cig moch
cig oen
cyw iâr

menyn
hufen
llefrith, llaeth
caws
wyau
iogwrt

Yn yr oergell

Ffrwythau

grawnwin
afal
aeron
oren
tomato
pomgranad
bananas

Yn y cwpwrdd

di-flas
heb flas
merfaidd

sbeislyd
puprog
poeth

reis
grawnfwyd
cwscws
bara
nwdls
pasta
ffa
cnau
sbeisys
perlysiau
halen
teisennau
pupur
olew
blawd
siocled
siwgr
mêl

CNOI

brau
crensiog

seimllyd
bras

Diodydd

dŵr
te
coffi
sudd
smwddi

pefriog
byrlymog
llawn swigod

LLWNC

hufennog
gludiog
triaglaidd
slwtshlyd

Bwyta

Rwyt ti'n teimlo'n ...
llwglyd
newynog
gwag
bron clemio
ar dy gythlwng

neu ...
llawn
bodlon
gorlawn

Pa offer wyt ti'n ddefnyddio?
cyllell
fforc
llwy
gweill bwyta
dy fysedd

carton
bowlen
plât

Sut wyt ti'n bwyta?
cnoi
deintio
blasu

neu ...

llowcio
sglaffio
stwffio
traflyncu

Prydau bwyd
brecwast
cinio
byrbryd
picnic
te
swper
gwledd
pwdin

Yn y ddinas

Gall dinas fod yn ...

swnllyd
prysur
bywiog
hectig
cyffrous
aflonydd
enwog
drud
amrywiol
gwasgarog

Galli di gerdded ar hyd ...

hewl/heol
ffordd
llwybr
palmant
promenâd
coedlan
stryd
lôn
rhodfa
stryd gefn

Lleoedd bwyta

tŷ bwyta
bwyty
caffi
ciosg
marchnad fwyd

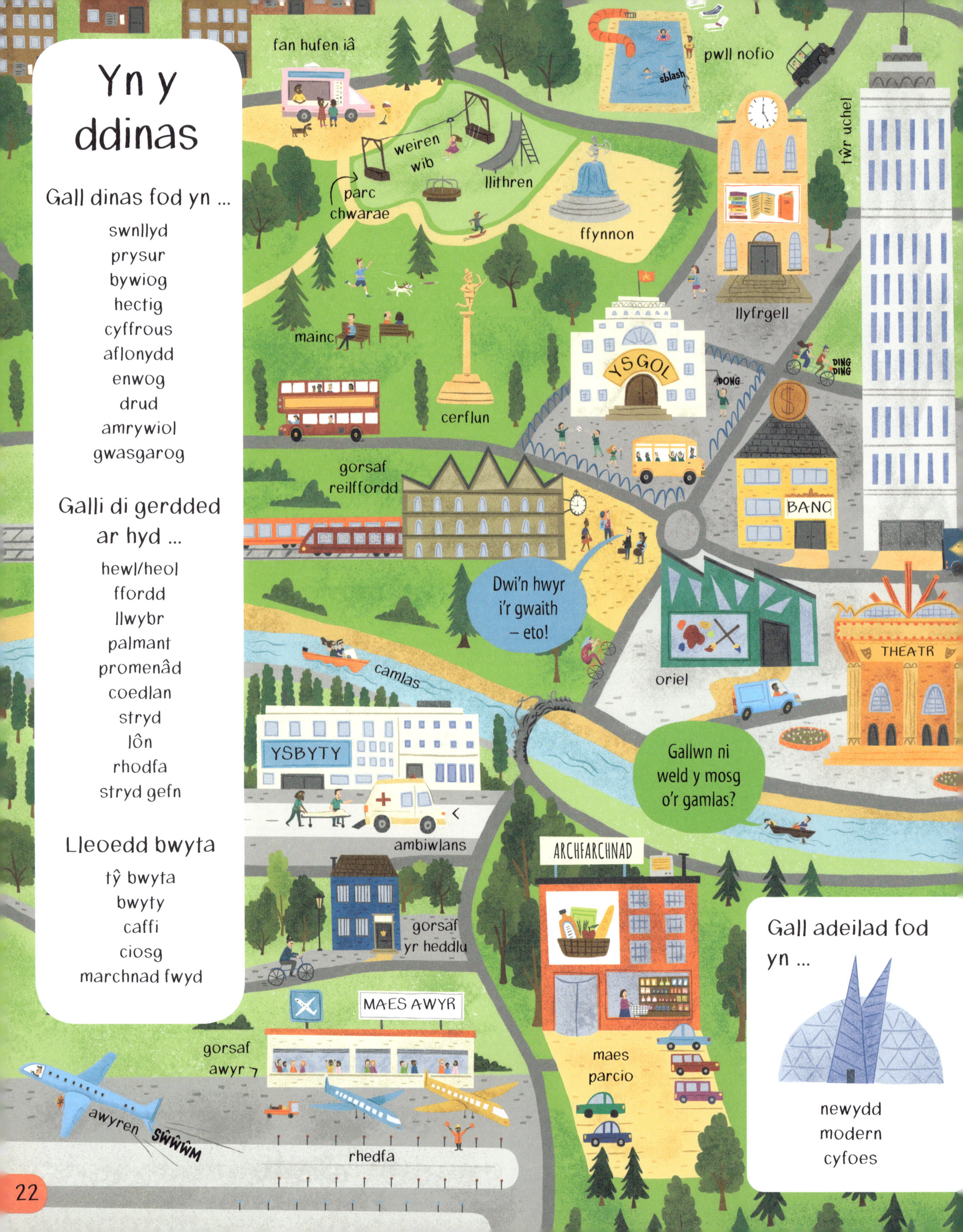

fan hufen iâ

pwll nofio

sblash

tŵr uchel

weiren wib

parc chwarae

llithren

ffynnon

mainc

llyfrgell

cerflun

YSGOL

DING DING

DONG

BANC

gorsaf reilffordd

Dwi'n hwyr i'r gwaith – eto!

oriel

THEATR

camlas

Gallwn ni weld y mosg o'r gamlas?

YSBYTY

ambiwlans

ARCHFARCHNAD

gorsaf yr heddlu

Gall adeilad fod yn ...

MAES AWYR

maes parcio

gorsaf awyr

newydd
modern
cyfoes

awyren SŴWWM

rhedfa

22

eglwys

DING DONG

blocdwr

STADIWM

cefnogwyr

HWRÊ!

Popeth hanner pris heddiw!

siop lysiau

stondin marchnad

busnes cwmni masnach

swyddfa

SINEMA

SGRINIAU ENFAWR 3D

Rhannau o'r ddinas
canol
ardal
cymdogaeth
bloc
maestref
stryd fawr

Llai na dinas
tref
pentref
pentrefan

gorsaf dân

swyddfa'r post

barbwr

pobydd

cigydd

minaret

rheilffordd danddaearol

teml

canolfan siopa

siopwyr

mosg

Ble mae'r parc?

AMGUEDDFA

Mae adeiladwyr yn defnyddio ...
gwydr
concrit
briciau
carreg
metel
pren

BÎP

synagog

cloddiwr

chwalu
dymchwel
tynnu i lawr

craen

Dwi'n adeiladu Neuadd y Ddinas.

cynllunio
codi
adeiladu

safle adeiladu

hen
traddodiadol
hanesyddol

hynafol
adfail
murddun

gwag
dadfeilio
mynd â'i ben iddo

Yn y wlad

Gall y wlad fod yn ...
llonydd
tawel
heddychlon
iachus
hardd
coediog
amaethyddol

Mae'r olygfa'n ...
hudolus
gwych
cyfareddol
rhyfeddol
godidog
gwefreiddiol

Gall llwybrau fod yn ...
igam-ogam
troellog
dolennog
anwastad
garw
codi *neu* disgyn
gwyrdd *neu* noeth
serth *neu* gwastad

Mae nentydd yn ...
murmur
sisial
byrlymu
tincial
treiglo

Mae rhaeadrau'n ...
ffrydio
llifeirio
disgyn

Mae afonydd yn ...
llifo
rhedeg
rhuthro

cerdded
heicio
crwydro

archwilio
darganfod
astudio

pen
brig
copa

mynydd

coedwig
fforest

Dwi'n brysur iawn!

tractor

cae
dôl
porfa

blodau gwyllt

byrnau gwair

clawdd, gwrych

wff

ci defaid

ffermwr

gât

cau
agor

ffens

llwybr, lôn, trac

Sawl pysgodyn weli di?

torlan

mwdlyd
lleidiog
corslyd

maen

carreg

cerrig mân

craig

24

Coed a blodau

Gall coeden gael ...
boncyff
canghennau
brigau
dail
rhisgl
gwreiddiau
ffrwythau
cnau
sudd

Gall fod yn ...
irlas
deiliog
gwyrdd
trwchus

neu ...
llwm
heb ddail
tenau
noeth

Pa fath o foncyff?
cryf
cadarn
praff

cwningen

sniff

Pa fath o gangen?...
cam, ceinciog, cnotiog

neu ...
syth, llyfn, solet

Mae coesynnau'n ...
ymdroelli, dolennu, cordeddu

Gall rhisgl fod yn ...
rhychiog
gwydn
garw

Mae hadau'n ...
tyfu
egino
blaguro
datblygu
gwreiddio

TWÎT   TWÎT

nyth aderyn

twll
ceudwll

mwydod

Mae brigau'n ...
sych
brau

Maen nhw'n ...
malu
torri

gwiwer

mes

Mae dail yn ...
disgyn

cwympo

chwyrlïo

Mae gan rai coed ...
nodwyddau
pigau
drain
conau

madarch
caws llyffant
ffwng

Mae blodau'n ...
blodeuo
agor

tywysen

petal

deilen

glaswelltyn

lindysyn

CNOI

Mae gan
flodau ...
hadau
coes
petalau
blagur

BSSS

Maen nhw'n ...
lliwgar
tlws
amryliw
llachar
persawrus
peraroglus

pilipala

FFLAP

FFLAP

gwenynen

Mae hadau'n ...
gwasgaru
chwythu
lledaenu

gwywo
crino
sychu

hadau

Mae
coesau'n ...
cynnal
dal
cario

brigeryn

paill

plygu, crymu, hongian, ysgwyd

Ysgall ...
pigog
miniog
brathog

Mae coden
yn ...
cracio
tasgu
ffrwydro

sbrigyn

bylb

blaguryn

Mae'r istyfiant yn ...
wyllt, dyrys, trwchus

pridd
daear
llaid

27

Ble ar y Ddaear?

gorwel

twyni tywod

Bron â chyrraedd y gwersyll!

camel

LING-DI-LONG

taith, siwrnai, hirdaith

Mae gwres yr anialwch yn ...

ffyrnig
deifiol
tanbaid
llethol

palmwydd

cactws

Mae gwerddon yn ...
oer, ffres, adfywiol

lap

llwynogod yr anialwch

Mae'r tir yn ...

sych
tywodlyd
llychlyd
chwilboeth

crasboeth
moel
diffaith
anial

sgorpion   SGRIALU

gwe corryn

SGRAWC!

DRIP

DRIP

dringiedydd

Yn y jyngl, mae'n ...

llaith
gwlyb
mwll
trymaidd
clòs
chwyslyd

Mae sudd yn ...
llifo
diferu
treiglo

hiss

Mae anifeilaid y jyngl yn ...

hymian
sgrechian
rhuo
chwyrnu
crawcian
hisian

Mae'r jagwar yn ...
prowlan
stelcian
hela

magl Gwener

SNAP

Mae llawr y goedwig yn ...
llwydolau, tywyll, cysgodol, dirgel

Chwaraeon

Pwy sy'n cymryd rhan?

chwaraewr
chwaraewraig
athletwr
athletwraig
cystadleuydd

Maen nhw'n ...

iach
heini
sionc
bywiog
hoenus
acrobatig
egnïol
ymroddedig
ystwyth
hyblyg

Ble wyt ti'n chwarae?

cwrt
trac
cae
maes
campfa
llawr sglefrio
pwll nofio
arena
stadiwm

ymestyn
cynhesu
ystwytho

ymarfer
cadw'n heini
sgipio

1,2,3, EWCH!

hyfforddi
paratoi
amseru

hyfforddwr

AAAA

gorffwys
dadflino
ymlacio

WWFF

codi
plycio

gwthio

Tynna!

rhaff

tynnu
halio

WHIII

BOING

sboncio
bownsio

hopian

neidio
llamu

cydbwyso

trampolîn

sbringfwrdd

ennill
trechu
llwyddo

ail

cwpan

enillydd
pencampwraig

anadlu'n drwm
allan o wynt
byr ei anadl

Bron â chyrraedd!

loncian

rhedeg
sbrintio
rasio

podiwm

meda

llinell derfyn

trac rasio

Beth wyt ti'n ddefnyddio?

cit
offer
dillad

pêl sboncen
raced dennis
menig paffio
raced badminton
gwennol
maneg pêl-fas
gogls
esgidiau bale
pêl fasged
bat tennis bwrdd
pêl dennis
ffon hoci iâ a chnap
bat criced
padiau coes
padiau pen-glin
esgidiau rholio
pwysau
helmed beic
pêl rygbi
sgis
rhaffau dringo
mat ioga

WWWWSH
CLEC

taflu
lluchio
hyrddio

dal
bachu
cipio
cydio

taro
bwrw
ergydio
waldio

O!

methu

TEIGROD
CENAWON
bwrdd sgorio

Mae timau'n cystadlu mewn ...

twrnament
gêm
cystadleuaeth
gornest
ras

cefnogwyr
ffans
dilynwyr

HWRÊ!

curo dwylo

SGÔR

cicio, pasio

GÔÔÔÔL!

anelu
gôl-geidwad
ymestyn
rhoi naid

Maen nhw'n ...

gystadleuol
penderfynol
di-ildio

Mae rhai'n ...

ennill
colli
dod yn gyfartal

driblan

ochrgamu
gwau drwy

twyllo
camchwarae

Hei!
Annheg!

taclo

dyfarnwr

33

Dweud stori

Dewis syniadau o'r bocsys ac i ffwrdd â ti.

PRYD?

Amser maith yn ôl ...

Dydd Mawrth diwethaf ...

Un tro ...

Pan oeddwn i'n fabi ...

Un bore ...

Yng nghanol nos ...

Ar ddechrau amser ...

palas

castell

Yn y Gofod pell

arallfydol
annaearol

gorsaf ofod

stafell ddirgel

dan y gwely

BLE?

pellennig
anghysbell
ecsotig
dieithr

ynys unig

cyfarwydd
adnabyddus
normal
cyffredin

DRIIING

ysgol

Coedwig fawr dywyll ...

hud
cyfrin
lledrithiol

PWY?

RRRRR

CLINC

robot

fampir

môr-forwyn

tywysoges

Ffi, ffai, ffo, ffym.

AAA!

cawr

Mam-gu, Nain

Dwi'n gallu hedfan!

rhyfeddol
annisgwyl
anhygoel

antur
her
gorchwyl

BETH SY'N DIGWYDD?

yn gyntaf
yn sydyn
ar unwaith
yn ddioed

SWISH

swyn
dewiniaeth
melltith

sblish

dab

dyfais
darganfyddiad
creadigaeth

AAWWW

blaidd-ddyn

TA-DA!

consuriwr

gofodwr

PWY MAEN NHW'N GYFARFOD?

ysbïwr

PWFF

draig

ysbryd y lamp

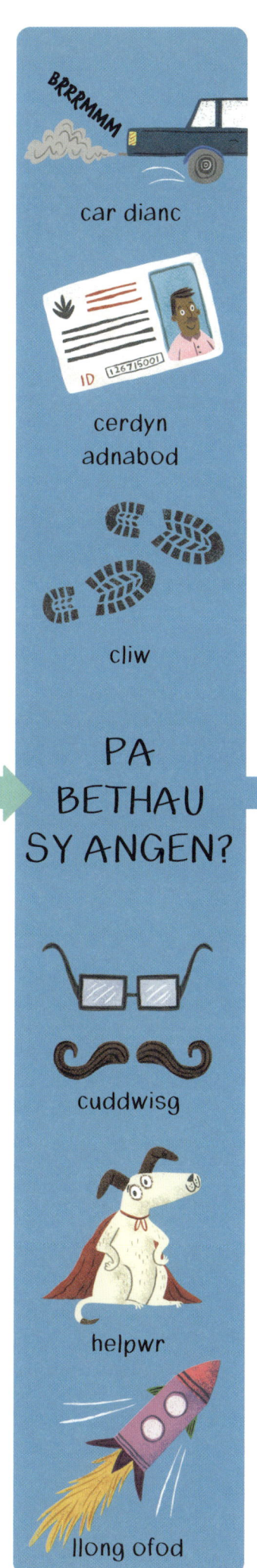

BRRRMMM

car dianc

cerdyn adnabod

ID 126715001

cliw

PA BETHAU SY ANGEN?

cuddwisg

helpwr

llong ofod

I'r chwith ddwedes i!

problem
helynt
trafferth

dryswch
penbleth

Dwi'n gyfoethog!

Nid fi biau hwn.

BETH SY'N DIGWYDD NESAF?

yna
yn ddiweddarach
yn y diwedd

Fi yw'r dihiryn!

syndod
sioc
ysgytiad

cynllun
cynllwyn
lladrad

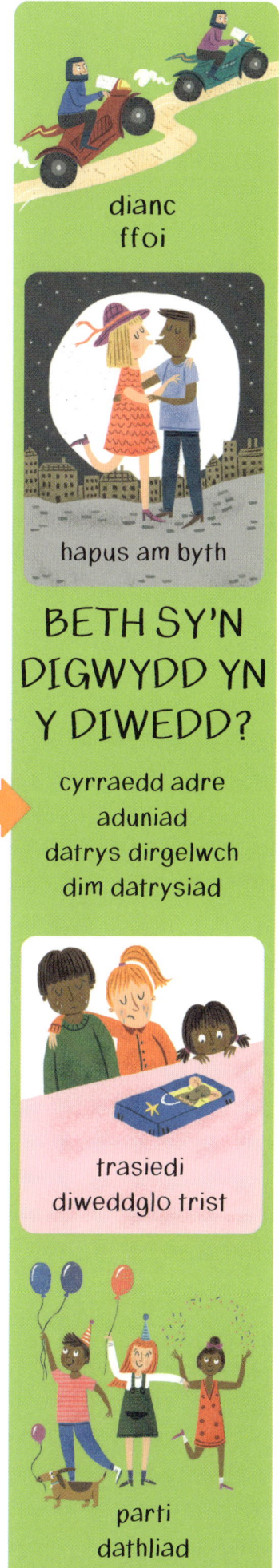

dianc
ffoi

hapus am byth

BETH SY'N DIGWYDD YN Y DIWEDD?

cyrraedd adre
aduniad
datrys dirgelwch
dim datrysiad

trasiedi
diweddglo trist

parti
dathliad
diweddglo hapus

Anturiaethwyr...

anturus
beiddgar
mentrus

Dyfeiswyr...

gwybodus
galluog
clyfar

gogls pelydr X

Dwi'n dod i achub y byd!

Mae archarwyr yn...

anorchfygol
pwerus
grymus

Mae rhyfelwyr yn...

sgilgar
dawnus
deheuig

SWISH

Maen nhw'n ...
ymladd
brwydro
gwrthsefyll

Arwyr ...

Gall arwyr fod yn...

unigryw
dewr
gwrol
glew
caredig
rhadlon
hael
cymwynasgar
hudol
rhyfeddol
syfrdanol
gorchestol
trawiadol

cleddyf
arfwisg

Syr Siôn ar ei ffordd!

tarian

Mae marchogion yn...

eofn
selog
cwrtais

Mae tywysogion a thywysogesau'n ...

urddasol, breiniol, bonheddig

chwifio

coets

gwas

Ffyrdd o siarad

dweud
adrodd
gofyn
holi
ateb
ebychu
murmur
mwmial
chwyrnu
ymbil
gwawdio

brolio
ymffrostio
crechwenu

gweiddi
bloeddio
rhuo

piffian
clochdar
clegar

ochneidio
cwyno
griddfan

sibrwd
sisial
browlan

yyyyyyy

Mae sombi...
dan felltith
wedi ei reibio
ar goll

Mae êliyn yn ...
ymosod, goresgyn, taro

Dos â fi at dy feistr.

Mae ysbrydion yn...
annaearol, iasol,
erchyll, goruwchnaturiol

wwwwwwwwww

Maen nhw'n...
crwydro
aflonyddu
poeni

HEDD

Gall dihirod fod yn...
ffyrnig
drwg
cas
annymunol
llwfr
twyllodrus
ysgeler
cyfrwys
creulon
ffiaidd
ciaidd
atgas

a dihirod...

Mae môr-ladron yn...
ymladdgar
barus
mileinig

clwt llygad

Maen nhw'n ...
dwyn
lladrata
cipio

trysor

coes bren

Taflwch e i'r gell!

coron

Breninesau drwg...
sarrug
didrugaredd
dialgar

GRRR

Mae bwystfilod yn...
arswydus, bygythiol,
dychrynllyd

Ffyrdd o symud

camu
troedio
crwydro
mynd ling-di-long
llusgo traed
cropian
ymlwybro
hercian
prysuro
brysio
baglu

$

stomp, tramp, stamp

swagro
torsythu
rhodresa

sleifio
stelcian
cripian

gwegian
cloffi
simsanu

37

Gemau a phosau

Geiriau croes

Chwilia am y parau
o eiriau croes.

hen

sur

pastel *neu* pŵl

dof

melys

llawen

anhapus

ifanc

gwyllt

llachar

Geiriau coll

Ym mhob brawddeg mae un gair ar goll.
Dewis y gair gorau o bob rhestr.

1. Fi yw'r bwystfil .... yn y byd.

ffyrnicaf
harddaf
glanaf

2. Mae'r cyrri'n rhy............!

sbeislyd
arswydus
heini

3. Rydyn ni wedi........... y gêm!

colli
ennill
taflu

4. Dwi'n hoffi .... yn y wlad.

gyrru
heicio
sgrwbio

5. Mae........... boenus gen i.

ysgwydd
llaw
coes

6. Dyna fachgen......!

swil
barus
serchog

7. Mae gen i wallt.........

cyrliog
siaradus
hallt

8. Mae'r teulu yn y ....

car
bws
awyren

Geiriau tebyg

Pa air arall allet ti ei ddefnyddio? Dewis un gair o bob rhestr.

dig	enfawr	cripian	heini	cysglyd
llwglyd	gofalus	sleifio	athletaidd	oer
cynddeiriog	cul	sbrintio	diog	llwyd
llawen	anferth	bloeddio	disglair	blinedig

Storïau dryslyd

Dyma ddwy stori ddryslyd. Alli di roi'r lluniau yn y drefn gywir?

Gêm chwilio

Chwilia am atebion y cwestiynau. Maen nhw yn y llyfr!

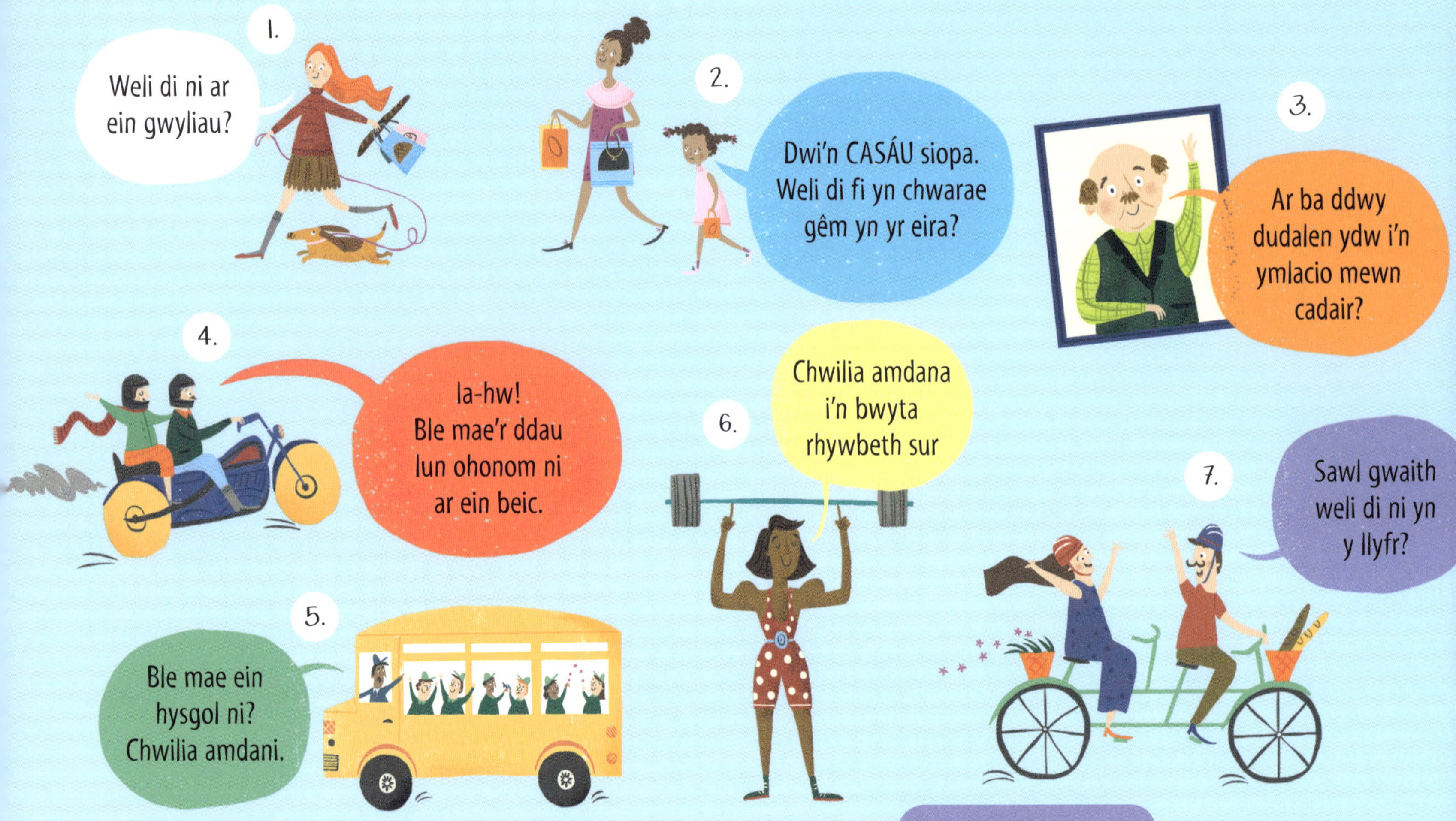

1. Weli di ni ar ein gwyliau?

2. Dwi'n CASÁU siopa. Weli di fi yn chwarae gêm yn yr eira?

3. Ar ba ddwy dudalen ydw i'n ymlacio mewn cadair?

4. Ia-hw! Ble mae'r ddau lun ohonom ni ar ein beic.

5. Ble mae ein hysgol ni? Chwilia amdani.

6. Chwilia amdana i'n bwyta rhywbeth sur

7. Sawl gwaith weli di ni yn y llyfr?

Gêm chwilio
1. tudalen 25
2. tudalen 29
3. tudalennau 25 a 28
4. tudalennau 6 a 24
5. tudalen 22
6. tudalen 20
7. pedair gwaith: ar dudalennau 2, 7, 9 a 22

Storïau cymysg
1, 4, 3, 2
A, Ch, B, C

Geiriau tebyg
dig - cynddeiriog
enfawr - anferth
cripian - sleifio
heini - athletaidd
cysglyd - blinedig

Geiriau coll
1. ffyrnicaf
2. sbeislyd
3. ennill
4. heicio
5. coes
6. barus
7. cyrliog
8. car

Geiriau croes
hen - ifanc
pastel - llachar neu bŵl
melys - sur
anhapus - llawen
gwyllt - dof

Beth am ymweld â **www.rily.co.uk** i weld ein catalog cyfan.

Rydym yn awgrymu eich bod yn goruchwylio eich plentyn wrth ddefnyddio'r we.

RHEOLWR GOLYGU: RUTH BROCKLEHURST RHEOLWR DYLUNIO: NICKEY BUTLER
YMGYNGHORYDD LLYTHRENNEDD: KERENZA GHOSH ADDASIAD CYMRAEG: SIÂN LEWIS
Cyhoeddwyd gyntaf yn 2017 gan Usborne Publishing Cyf, 83-85 Saffron Hill, London EC1N 8RT www.usborne.com